La Criminología del Quijote

La Criminología del Quijote

LA CRIMINOLOGÍA DEL QUIJOTE

Enrique de Benito

Higienic Books

ISBN: 9798663720144

Edición revisada por Jose Servera.

Año de publicación de la edición original: 1905

Año de publicación de la edición adaptada: 2020

SUMARIO
DE LA
LECCIÓN

SOBRE LA
OBRA

Esta obra es el fruto de las lecciones impartidas por Enrique de Benito en la Universidad de Zaragoza el 6 de mayo 1905, cuando apenas contaba con 25 años de edad. Dichas lecciones se encuadran en el marco de *Lecciones Universitarias del Quijote*, donde junto con otros dos catedráticos de la misma universidad puso de relieve el valor de esta obra observada desde diferentes prismas: el de la guerra en el *Quijote*, el del papel del clero en el *Quijote*, y el de la Criminología en el *Quijote*.

Así mismo, aquel que esté familiarizado con las tendencias actuales en criminología observará tras leer unas pocas páginas que la perspectiva del análisis que realiza Enrique de Benito dista bastante de ser una interpretación criminológica y se acerca más a una visión propia de su trayectoria eminentemente penalista. Aunque en varios puntos de las lecciones hace especial referencia a algunos de los padres de la criminología (Lombroso, Vidocq, Ferri, Salillas...), el análisis que hace es conforme a la corriente que considera la criminología como una rama más de análisis dentro del derecho penal. No hay nada que achacar en esa tendencia pues existía bastante consenso al respecto por aquel entonces, pero sí es necesario poner sobre aviso al lector para no generar una expectativa irreal sobre las páginas que siguen. En todo caso, el título debería asemejarse al que un siglo más tarde le puso el jurista Francisco Javier Nistal a una obra de similares características: *El valor de la justicia para Don Quijote de la Mancha* (Criminología y Justicia, 2013).

El autor divide las lecciones en cuatro partes claramente diferenciadas:

1. La idea del delito en el *Quijote*.

2. La idea del delincuente en el *Quijote*.

3. Los criminales del *Quijote*.

4. La idea de la pena en el *Quijote*

Con todo ello, esta obra debe ponerse en valor no tanto por el análisis que hace del *Quijote* (pues se trata más bien de un bosquejo más bien superficial), sino por el recurso a la literatura en la enseñanza académica. Precisamente en el caso de la criminología, en la actualidad es conocido el uso habitual de la literatura que realizan docentes como Jorge Ramiro Pérez, que recurre con frecuencia a relatos de corte criminológico para fomentar un aprendizaje más dinámico.

SOBRE LA EDICIÓN

Para la reedición de esta obra se han realizado modificaciones básicas de estilo y ortografía en aras a adaptar su lectura a los nuevos tiempos. En tanto se trataba de lecciones impartidas oralmente, el texto recurría en exceso a comas y pausas que en la narración escrita resultan innecesarias o impiden seguir el hilo del discurso. También se ha apostado por incorporar algunas notas al pie para exponer conceptos que puedan resultar desconocidos, para explicar jerga básica en desuso o para apuntar ciertos aspectos relativos al Código penal vigente a principios de siglo XX en España, al que el autor se refiere en varios pasajes de la obra.

Todo ello siempre planteado desde la base de mantener la esencia de la obra y a la vez ser capaz de contagiar el entusiasmo del autor por la obra de Cervantes aplicada al derecho penal y a la criminología.

Jose Servera

En Palma de Mallorca, el 4 de julio de 2020.

I

Señores,

La lección que me complazco en explicarles quizá pudiera significar para algunos de quienes me escuchan cierto entrometimiento por mi parte en la jurisdicción de otras cátedras y hasta de otras facultades.

Pero yo entiendo que no es el derecho penal disciplina científica tan solitaria, tan desamparada y tan estrecha que no quepan en su seno las verdades, los corolarios y las aplicaciones de otras ciencias. El derecho penal rinde el tributo de sus estudios a las demás ramas de la ciencia, las ayuda en la inquisición de sus principios, se vale de ellas para completar y ampliar los suyos propios; y de esta suerte se establecen o se tienden gratos lazos de parentesco hermoso, de recíproca correspondencia entre el derecho penal y las ramas todas del humano saber. La ciencia es una y sus caminos o veredas, aunque muchos y muy diversos y hasta muy lejanos entre sí, ascienden convergiendo y acaban por unirse y hasta por confundirse en la dorada cima donde la verdad se asienta y reluce.

Dulces son y no conturbadas, de entre todas estas armonías, las que hay entre la literatura y el derecho. La literatura tiene su sedimento social; la humana vida y las costumbres se reflejan en ella como en limpio espejo. El derecho, en tanto es norma positiva de la conducta del hombre en la sociedad, producto es, como la poesía, de esa sociedad. Y es también, o debe ser, no empeñado espejo donde la vida social, donde las costumbres se reflejan en visible imagen.

En su origen o nacimiento se confunden la poesía y el derecho: el poema era a su vez himno religioso, dogma filosófico y ley jurídica; la ley reguladora de derechos y de deberes era al mismo tiempo poema e himno. Y hasta en tiempos más apartados de los primitivos se echa de ver ese ayuntamiento o mezcla de lo poético con lo jurídico, del cual tenemos muestras claras en nuestra literatura castellana; valgan para ejemplo: el Libro de *Calila é Dimna*, *El Conde Lucanor* o *Libro de Patronio* y otros, en los cuales, bajo de la forma de apólogos[1], aparecen claros no pocos preceptos jurídicos y de equidad y política.

No es, por lo tanto, aventurado ni impropio estudiar las ideas y las verdades de derecho penal que se esconden entre las bellezas de las obras poéticas. Yo no hallaría dificultad alguna en entresacarlas de no pocos

1. Nota del editor (en adelante N. del E.): un apólogo es una narración que nace con el propósito de instruir sobre algún principio ético o moral o de comportamiento.

libros. *El Lazarillo de Tormes, La Celestina, La Pícara Justina, El Escudero Marcos de Obregon, Rinconete y Cortadillo* y otras muchas de nuestras primorosas y no superadas ni igualadas novelas picarescas me darían abundantes datos con los cuales, sin tropiezo alguno, reconstituiría el tipo o los tipos de criminales de aquella época, de los vagos, de los pícaros, de la gente soez y corrompida que componía el hampa de aquellos tiempos. Porque sin duda que siempre hubo y habrá pícaros y hombres de mala ley, amantes de la holgazanería, jactanciosos en extremo, acostumbrados a la cháchara socarrona, amigos de aventuras, aficionados más de lo debido al vino y a requebrar[2] y conquistar a las mujeres, gustosos de lo ajeno o dispuestos a propinar tremendas palizas y cuchilladas a cada dos por tres.

La sociedad de entonces la miraría yo con el lente o prisma de la moderna antropología y sociología criminales, y yo aseguro a ustedes que no es vano o inútil el intento de quien trate de dar cima a esta empresa científica.

No es invención mía este nuevo aspecto del estudio del derecho penal. Dos autores ya famosos, dos profesores italianos han escrito dos libros harto curiosos si bien inficionados[3] del criterio perturbador de la escuela positiva italiana de Derecho Penal. Me refiero a la obra

---

2. N. del E.: Aunque su uso es en la actualidad escaso, por requebrar se entiende piropear o galantear a una persona.

3. N. del E.: Inficionar es un verbo pronominal en desuso que en el contexto de la frase se refiere a intoxicar o envenenar, en tanto habla de la influencia de la escuela positiva sobre los autores a los que se refiere.

del Sr. Ferri titulada *I delinquenti nel l'arte*, publicada en Génova en 1896, y la compuesta por el Sr. Niceforo con el título[4] *Criminali e degenerati dell Inferno Dantesco*, la cual vio la luz en Turín el año 1898. De modo que el estudio que voy a bosquejar no es original o más nuevo, si acaso, que en lo que a las letras patrias se refiere.

En esta presente lección, única que acerca de tan curioso asunto me propongo explicar a ustedes, me contentaré con trazar las líneas generales o capitales del estudio de las ideas de Derecho Penal contenidas en el primoroso y sin igual libro de Miguel de Cervantes, titulado *El Ingenioso Hidalgo Don Quijote de la Mancha*, gloria de la literatura castellana y gloria también de la literatura universal.

Dos razones justifican, a mi ver, que el estudio de las ideas de derecho penal desde un punto de vista literario, lo hagamos ahora eligiendo el *Quijote* y olvidando otros libros de nuestra literatura, donde también se hallan interesantes y abundantes datos de esa índole. La primera de dichas razones puede y debe ser calificada de permanente y la segunda es circunstancial.

Empecemos por la razón circunstancial de esta lección. Trata España de celebrar en estos días, dignamente y con estruendo, el tercer centenario de la publicación de la primera parte del *Quijote*. Las Academias científicas y literarias, oficiales y privadas, las

4. N. del E.: El autor utiliza aquí la palabra rótulo, si bien para no llevar a confusión se ha optado por cambiar esta palabra a título.

escuelas, los gremios, los círculos o casas de reunión y de recreo, los teatros, la prensa periódica, los particulares, todo lo que es expresión de las llamadas fuerzas intelectuales del país, se aprestan o aperciben a glorificar la genial obra del ingenio felicísimo y portentoso de Cervantes. Impulso y movimiento consolador del pueblo español que manifiesta, a las claras, que no se ha perdido en España el sentimiento artístico por el que un día pudimos ser comparados a la Grecia de Pericles; que todavía nos damos cuenta de la grandeza y la anhelamos y la coronamos de homenajes más o menos aparatosos, si bien sinceros; que todavía rendimos culto a la obra de la inteligencia; y, finalmente, que todavía conservamos el dichoso y fructífero amor hacia un pasado glorioso de grandezas, sobre el cual, sobre cuyas enseñanzas y sobre cuyas consecuencias podemos y debemos asentar el porvenir de España si queremos que sea porvenir despejado y radiante y no porvenir envuelto en brumas y tinieblas.

La universidad en conjunto y en cada una de sus cátedras no puede, ni debe, ni quiere permanecer pasiva y fría en la conmemoración de este Centenario, en la celebración de esta gran fiesta nacional. Y mis aficiones y mis amores a la literatura me mueven gozoso y fogoso a dejar oír palabras de elogio y de homenaje a Cervantes y a su *Quijote*, aquí en este aula donde acudimos ustedes y yo a rendir pleitesía a la hermosa verdad que es también la verdadera belleza. ¡Honremos, pues, a Cervantes; honremos a su obra inimitable y no temamos que el orgullo invada nuestros espíritus, que bien podemos enorgullecernos y jactarnos de que broten de la tierra española tan exquisitos frutos!

La razón permanente de este estudio es fácil de explicar. Yo entiendo que se ha exagerado mucho el alcance o significación del *Quijote*. No culpo yo a sus admiradores: harta buena fe los guía sin duda. Pero lo cierto es que, como suele acontecer con todas las obras geniales, el *Quijote* ha sido muy estudiado, se ha meditado mucho sobre él y a fuerza de darle vueltas como se dice vulgarmente, se ha concluido por descubrir en sus páginas singulares propósitos morales y científicos, políticos y sociales. Hemos concluido por sacar en claro que Cervantes no se propuso tan solo divertir y acabar con los libros de caballería, sino que se propuso, además, fustigar el espíritu idealista y aventurero propio de los españoles, pintar los defectos de nuestra raza y de la política de la época y, de paso, desparramar abundantes conocimientos del saber de aquella época relativos a la astrología, la alquimia, la geografía, la moral, el derecho, la ciencia social, el arte de cocina y otras muchas ciencias y artes prodigiosas.

Yo entiendo, señores, que con tales extremos nada hacemos sino sacar las cosas de quicio. Tengo por indudable que Cervantes no se propuso otra cosa que deleitar y acabar con los libros de caballerías. Sobrado grande es el propósito para que lo queramos agrandar nosotros más aún. Pero acontece que, dado el modo de narrar de que se vale Cervantes, dados también los episodios con que él compone la trama y partes de la acción, desfilan en el libro, si cabe hablar así, muchísimas personas de todas las condiciones y caracteres, parecidas, sin duda, a otras que realmente existieron entonces, y Cervantes las describe y hasta las juzga a veces, por donde resulta primorosamente retratada la sociedad, y por lo tanto el corazón humano.

De ahí las sabias enseñanzas que se pueden sacar del *Quijote*, aunque su autor no imaginara nunca que iban a ser sacadas de ahí, lo útil que para el estudio de lo penal es ese libro imperecedero, porque allí donde hay sociedad, hay criminalidad.

De suerte, que sin que yo crea que Cervantes al mismo tiempo que escribía su *Quijote* pensaba en darnos lecciones de derecho penal, puede y debe ser emprendido este estudio que ahora trato de bosquejar y es conveniente que se haga con otras obras de nuestra literatura.

II

Plan para el estudio de la Criminología del QUIJOTE.—La idea del delito en el QUIJOTE.

No seguiré precisamente el método o el plan que los Sres. Ferri y Niceforo han adoptado en sus obras: me olvidaré de ellas, a fin de moverme con más amplia libertad.

Yo opino que se pueden establecer algunos puntos de vista, para seguir esta disquisición, que pueden ser las grandes ideas penales: del delito, del delincuente y de la pena. Agrupar algunos de los conceptos más notables dentro de esos tres puntos y discurrir un poco sobre ellos debe ser la pretensión de quien, en breve espacio, quiera plantear el asunto. No aspiro a agotar el tema sacando aquí a relucir cuantas ideas penales hay en el *Quijote*. Yo me jacto de conocerle bastante bien, pero declaro que cuando lo he leído no he pensado mas que en la obra literaria. Además, para tan estupenda empresa necesitaría más tiempo y más lugar del que en realidad dispongo. Me contentaré pues con analizar los conceptos que me parezca a mí que son más salientes.

En el siglo XVI y en el XVII no se tenían de delito las

ingeniosas nociones que hoy tenemos. Nada se sabía del ataque a los sentimientos altruistas fundamentales, del estado morboso social y de otras curiosas invenciones de que se jactan no pocos. El delito era el maleficio, entuerto o agravio, el daño y también el pecado. Cervantes no pudo olvidarse de la idea del daño, entonces primordial del delito. En realidad el delito era reprensible porque causaba un daño. El delincuente era digno de castigo por dañador:

> *«No, dijo la sobrina, no hay que perdonar a ninguno, porque todos han sido los dañadores».*

Así se lee en el Capítulo VI de la Parte Primera del *Quijote*. El delito era tanto como el demérito. La idea de mérito era contraria a la de delito:

> *«No, dijo el barbero, que también he oído decir que es el mejor de todos los libros que de este género se han compuesto y así como a único en su arte se debe perdonar»* (Ídem)

La confusión entre el pecado y el delito es notoria en la época de Cervantes; lo es casi tanto como en tiempos más remotos: las ideas de moral y de derecho estaban todavía bastante mezcladas. Se veía de ellas sus relaciones de semejanza, pero no todas sus diferencias. De ahí procede el hecho de que la Iglesia tuviera potestad para imponer castigos por delitos y el Estado para imponerlos por pecados. En el Capítulo XX de la Parte Primera se lee:

> *«Advierta vuestra merced, dijo Sancho, que la justicia,*

que es el mesmo rey, no hace fuerza ni agravio a seme-
jante gente sino que los castiga en pena de sus delitos»

Y más abajo se lee:

«Con esta licencia, que Don Quijote se tomara aunque
no se la dieran, se llegó a la cadena y al primero le pre-
guntó que por qué pecados iba de tan mala guisa»

Por cierto, que de alguna frase del Quijote en este capítulo se deduce que Cervantes conocía claramente la
distinción de los delitos en flagrantes y no flagrantes
hecha por algunos autores:

«fue en fragante dice un galeote, no hubo lugar de tor-
mento, concluyese la causa»

De la misma manera, se desprende de uno de los famo-
sísimos consejos que *Don Quijote* da a su escudero
antes de partirse este para su gobierno, que tenía Cervantes más precisa idea del delito de cohecho que los
autores del código penal, que se han cuidado de definir
algunos delitos, pero se han dejado en el tintero los
conceptos de otros:

«Si acaso doblares la vara de la justicia, no sea con el
peso de dádiva sino con el de la misericordia.» (Parte
Segunda Cap. XLII.)

Yo entiendo, como entienden algunos, que la idea del
delito hay que extraerla de la idea del orden jurídico.
El orden jurídico, que es un linaje de trasunto o reflejo
en la sociedad humana, de la ley cosmológica de la
armonía universal, estriba en el cumplimiento de los
deberes y en la quieta posesión y ejercicio de los dere-

chos. Con unos y con otros se compone y se adereza la coexistencia social; con unos y con otros pueden y deben los hombres ayudarse mutuamente en su paso por la vida y en la consecución de sus fines. El hombre, que es inteligente y libre, puede oponerse, y de hecho se opone no pocas veces, a la tranquila realización en la sociedad del orden jurídico. Menester es pues que la autoridad, que es el gran principio ordenador de la sociedad, procure a toda costa, valiéndose de la ley penal, conservar el orden previniendo sus alteraciones y reprimiendo la maldad humana que en forma de violencia o de fraude, es decir, en figura de delito, ataca dicho orden y le conturba. En esto estriba el derecho penal: en el reconocimiento de todo derecho, en el exigir todo deber y en el reprimir todo delito. Por eso dijo Sancho Panza antes de salir a rondar la ínsula Barataria, cuyo gobierno le había conferido el duque:

> *«yo gobernaré esta ínsula sin perdonar derecho, ni llevar cohecho; y todo el mundo traiga el ojo alerta, y mire por el virote; porque les hago saber que el diablo está en Cantillana y que si me dan ocasión han de ver maravillas; no sino haceos miel y comeros han moscas»* (Cap. XLIX Parte Segunda).

Fruto es el delito de la perversidad humana. Menester es poner un dique para que dicha perversidad no se desborde y lo asuele todo. Cuanto más perverso es el hombre más concita el enojo de quien puede castigarlo. Ciertos motivos o circunstancias de tiempo, de lugar, de persona o que brotan del propio hecho criminoso, expresan a las claras la mayor o menor libertad del agente, su ofuscación más o menos intensa o la horripilante calma y frialdad de espíritu con que, violenta o fraudulentamente, se ha opuesto al orden jurídico conturbándole. Dígase lo que se quiera, la teoría de las circunstancias modificativas de la responsabilidad criminal[1] no es tan artificiosa y tan vana: podrá ser incompleta porque los legisladores no han aprendido todavía a dar importancia a las circunstancias personales, y tan solo la conceden a las materiales, siguiendo las huellas de la escuela tradicional. Pero, sea como quiera, la teoría de las circunstancias modificativas tiene un fundamento de verdad que no puede ser discutido.

Sin duda que Cervantes presintió esta doctrina con más o menos ambigüedad y, aunque sea de soslayo, diserto sobre alguna de sus cuestiones más discretamente que no pocos autores. Circunstancia agravante, según el código penal que en España rige es, junto a la de nocturnidad, la de despoblado. Ejecutar un delito en despoblado es más espantoso y punible a los ojos de nuestra ley que ejecutarla en lugar poblado. Yo no sé hasta qué punto indica esto en el legislador conocimiento exacto de la humana flaqueza. A mí me parece que el despoblado puede ser más bien motivo de atenuación porque la ausencia de vida, la soledad, el silencio, la ausencia de gentes que pueden ver el crimen, que pueden castigarlo, sorprendiendo al delincuente, sujetándole, poniéndole preso o agrediéndole, indican

---

1. N. del E.: Las circunstancias modificativas de la responsabilidad penal siguen presentes en el Código Penal español actual en los artículos 21, 22 y 23.

la falta o ausencia de otros tantos motivos que detienen a la voluntad perversa.

Natural es que la voluntad perversa se sienta inclinada a realizar el crimen ante la consideración de todas esas causas anejas al despoblado que la favorecen, facilitando la consecución de su aciago designio. Lo bajo, lo mezquino, lo soez y pernicioso, lo execrable a los ojos del menos prudente, es que la voluntad criminal sea tan fieramente perversa que no se detenga en la realización de su monstruoso propósito, ante la consideración de que el lugar es poblado, de que puede haber gentes que oigan o vean o socorran a la desgraciada víctima, agrediendo al culpable o conteniéndole con fuerza, o que avisen a la justicia, o sin previo aviso que acuda ésta solícita a deshacer el ominoso agravio, imponiendo al desalmado el poder y rigurosa pena de la ley. Por eso quizá le dijo Sancho Panza al gobernador, uno de los dos sujetos a quienes en su ronda nocturna sorprendió cuestionando y dándose bravas cuchilladas:

> *«Aquí de Dios y del rey: cómo ¿y qué se ha de sufrir que roben en poblado en este pueblo y que salgan a saltear en él en mitad de las calles?»* (Ídem).

Los muchos sucesos y aventuras que se refieren en el *Quijote*, y algunos de los inauditos y estupendos negocios que tan de plano y por manera tan discreta y sabia resolvió Sancho Panza en la ínsula Barataria, nos prueban a las claras que Cervantes tenía idea perfecta y no mezquina o pobre noticia de los varios linajes por donde la humana perversidad se nos muestra, de las varias especies de delito con las cuales se compone el total contenido, así como de los tratados doctrinales o didácticos como de las leyes penales positivas.

Sería curioso por demás, y ocasionado útiles y entretenidos razonamientos, el análisis y comentario de los diversos hechos delictivos que hay en el *Quijote*. Yo no puedo prolongar esta lección más de lo oportuno o prudente, y aunque quizá algún día me sienta tan brioso que me empeñe en entresacar del *Quijote* y en estudiar con esmero cuantas ideas de criminología[2] hay en él, debo contentarme hoy tan solo con iniciar a ustedes en estas investigaciones que tanto tienen de literarias como de jurídicas. Apenas hay capítulo en toda la inimitable novela de Cervantes donde no haya palos, pedradas, azotes, injurias, riñas o pendencias y otros agravios, desafueros y demás hechos represibles. Como dice el veterano y correctísimo cervantista Doctor Thebussem[3], en un curioso y castizo escrito titulado *Pallida Mors*:

> *«el Ingenioso Hidalgo no es más que un cuadro de dolores y de muerte.»*

2. N. del E.: tal y como se ha comentado en la introducción a la obra, si bien el título del libro es "La Criminología del Quijote", el contenido es eminentemente jurídico. Reflejo de ello es que es aquí el único momento en el que el lector encontrará a lo largo del texto.
3. N. del E.: detrás de este pseudónimo se esconde el escritor, cervantista y gastrónomo español Mariano Pardo de Figueroa. El sentido del pseudónimo esconde en realidad la palabra Embustes, añadiéndole una *Th* para aparentar un estilo más germano. De este modo pretendía publicar artículos sobre la situación española con un pretendido aire de hispanista extranjero.

Hay en el *Quijote* homicidios, lesiones, injurias y calumnias, coacciones y amenazas y no faltan los delitos contra la propiedad. Chistoso sería, señores, y acaso un poco irreverente en el sentido literario de esta palabra que, lejos de comentar el gran libro, como lo han comentado todos, lo examinamos con el código penal a la vista, haciendo el papel, no de críticos literarios, sino más bien de fiscales de Su Majestad. Lejos de afirmar que tal pasaje o aventura es hermoso, muy real, de bien tramados episodios, resumiríamos nuestros juicios diciendo que tal pasaje o aventura constituye un delito de tal clase de los regulados en éste o en el otro párrafo de ese o aquél artículo del Código con la concurrencia de tales o cuales circunstancias modificativas en pro o en contra de los autores.

No he de intentar ahora semejantes aplicaciones: solamente quisiera decir unas cuantas palabras acerca de un delito perfectamente descrito y calificado por Cervantes en el capítulo XX. Sabido es que acabada, no con toda ventura, la liberación de los pícaros galeotes, el magnánimo *Don Quijote* y su tontísimo escudero, harto temerosos de que la Santa Hermandad los prendiera y los castigara por haber dado suelta a los presos que iban destinados «a las señoras gurapas[4]», se internaron y escondieron en las esquiveces de Sierra Morena.

Cuando estuvieron en la mitad de ellas les tomó la noche y según cuenta Cide-Hamete-Benengeli, acor-

4. N. del E.: Las gurapas eran las penas por las que se condenaba algunos delincuentes a remar en las galeras del rey.

daron echarse a dormir «*entre dos peñas y entre muchos alcornoques*». Y dice el capítulo XX lo que sigue:

> «*Pero, la suerte, fatal... ordenó que Ginés de Pasamonte... llevado del miedo de la Santa Hermandad...acordó de esconderse en aquellas montañas, y llevóle su suerte y su miedo a la misma parte donde había llevado a Don Quijote Sancho Panza a la hora y tiempo que los pudo conocer y a punto que los dejó dormir: y como siempre los malos son desagradecidos... Ginés, que no era ni agradecido ni bien intencionado, acordó de hurtar el asno a Sancho Panza, no curándose de Rocinante por ser prenda tan mala para empeñada como para vendida. Dormía Sancho Panza, hurtóle su jumento, y antes que amaneciese se halló bien lejos de poder ser hallado.*»

Fijándonos en estos hechos fácilmente se podría redactar un acabado escrito de conclusiones o de calificación numerada, como si estuviéramos ejerciendo el augusto ministerio de la ley ante el Tribunal de una Audiencia.

Los anteriores hechos copiados del *Quijote* constituyen un delito de hurto de los definidos en el número 1º del artículo 530[5] del código penal[6] y en el artículo 531[7],

---

5. N. del E.: Según el artículo 530.1 del código penal español de 1870, eran reos de hurto *"los que con ánimo de lucrarse, y sin violencia o intimidación en las personas ni fuerza en las cosas, toman las cosas muebles ajenas sin la voluntad de su dueño."*

6. N. del E.: Dado que la lección impartida por el autor está fechada en 1905, el código penal al que se refiere es el de 1870.

7. N. del E.: El artículo 531 del código penal español de 1870 atribuía castigos por el hurto que podían ir desde el arresto mayor (de un día a seis meses de prisión) cuando el importe no excediera las

puesto que no han mediado en su ejecución, violencia, intimidación ni fuerza.

Es responsable de este delito, en concepto de autor, Ginés de Pasamonte.

Concurren en contra de éste las siguientes circunstancias agravantes del artículo 10 del Código: la 15[8], pues el hecho fue cometido en despoblado y ademas Ginés de Pasamonte se aprovechó de la noche, supuesto que como en el *Quijote* se refiere, dejó dormir al caballero y al escudero y antes de amanecer estaba ya muy lejos del lugar del delito. Aunque no parezca claro que buscara la noche ya de antemano, basta que se aprovechara de ella para que la nocturnidad concurra. Doctrina es ésta reiteradamente sostenida por el Tribunal Supremo, como se puede ver en las sentencias de 5 de abril de 1887 y de 6 de julio del mismo año. Hay indeterminación en la hora del hurto, pero está claro que Ginesillo apareció en el lugar ya de noche, hurtó el rucio a Sancho después de que este se durmiera, *«y antes que amaneciese se halló bien lejos de poder ser hallado»*. Por lo tanto la nocturnidad es evidente a pesar de la indeterminación de hora. La Sentencia de 4 de agosto de 1887 y la de 10 de noviembre del propio año siguen igual doctrina jurídica. Concurre en este hurto la circunstancia

---

10 pesetas, hasta la pena de presidio correccional en su grados medio y máximo (entre seis meses y un día y seis años de duración), cuando el valor excedía de 2.500 pesetas.

8. N. del E.: El capítulo IV del código penal español de 1870 regula las circunstancias que agravan la responsabilidad criminal, y en su artículo décimo, punto 15º, especifica el agravante por ejecutar un delito *"de noche o en despoblado"*.

agravante número 18[9]. En el capítulo XXII, al preguntar *Don Quijote* a Ginés de Pasamonte cuántos delitos había cometido, el comisario afirmó que tenía más delitos Ginés que todos los otros galeotes juntos. Ginés y el comisario disputaron y éste le dijo al galeote[10]:

> *«Hable con menos tono, señor ladrón de más de la marca, si no quiere que le haga callar, mal que le pese».*

Un poco después Ginesillo declara haber estado antes en las galeras. En el capítulo siguiente, al ir a describir el hurto del rucio, Cervantes califica a Ginés de embustero y ladrón. En resumen: no era la primera vez que Ginés de Pasamonte robaba o hurtaba aquella en que acordó llevarse el rucio, y ejecutoriamente condenado estuvo antes por sus bellaquerías. Por lo tanto se trata de un reincidente. Quizás no prevaleciera por falta de datos abundantes y ciertos, pero la condición de Ginesillo, tal como este pícaro aparece en el *Quijote*, es la del vago y, por consiguiente, en su contra se podría apreciar la circunstancia agravante número 23[11].

---

9. N. del E.: El punto 18º del artículo 10 del código penal español de 1870 regula el agravante de reincidencia, establecida *"cuando al ser juzgado el culpable por un delito, esuviere ejecutoriamente condenado por otro comprendido en el mismo título de este Código."*

10. N. del E.: Un galeote era una persona que era condenada a galeras.

11. N. del E.: El punto 23 del artículo 10 del código penal español de 1870 regula el agravante por *"ser vago el culpable"*. En este se especifica cuándo una persona posee esa cualidad, siendo el que *"no posee bienes o renta, ni ejerce habitualmente profesión, arte u oficio, ni tiene empleo, destino, industria, ocupación lícita o algún otro medio legítimo y conocido de subsistencia, por más que sea casado y con domicilio fijo"*.

Si el truhán de Ginés de Pasamonte viviera en estos tiempos que ahora corren, bien escarmentado quedara. Porque aunque sea difícil determinar con exactitud la cuantía del hurto de que trato y aunque no fuera aplicable otro número que el 4º del artículo 531, la reincidencia puede ser de tal entidad en este caso que hubiera que acudir al número 3º del artículo 533 y, por lo tanto, la pena sería la superior en grado y ésta tomada en su grado máximo por efecto de la concurrencia de las otras dos agravantes 15 y 23. Pero, dejando a un lado estas apreciaciones demasiado jurídicas, curialescas[12] en extremo, lo interesante es notar la precisión y naturalidad con que el hurto del rucio está descrito y la exactitud legal con que Cervantes calificó el delito.

No acabaré esta parte de la lección sin decir a ustedes que el que bien pudiéramos llamar elemento intencional tiene para el delito interés notorio. El delito no es posible, como tal delito, sin el concurso del agente. El concurso del agente ha de ser doble; ha de ser concurso, más o menos perfecto, de inteligencia y de voluntad, como con verdad declara Carrara[13]. Cuando no hay intención no hay delito, porque yo no admito la antigua distinción de los delitos en dolosos y culposos. El delito culposo no existe; constituye una omisión

---

12. N. del E.: Se entiende lo curialesco como lo propio de la curia. En el contexto del texto se interpreta como un discurrir excesivamente jurídico.

13. Nota del editor: Francesco Carrara fue el mayor representante de la escuela clásica del derecho penal italiano y uno de los firmes opositores de la pena de muerte.

de diligencia y de cuidado, reprensible y hasta punible, mas no es comparable al matar, al prevaricar, al hurtar o al estuprar. Acciones hay, hijas de la imprevisión, de la ligereza, de la poca madurez de juicio, que más inclinan o deben inclinar a la misericordia espontánea que al castigo severo. Por eso Sancho Panza absolvió de buena voluntad a los hijos de Diego de la Llana de su travesura. Simple mozuela ella y mancebo no más maduro él, natural era que el poco seso que llevan consigo los pocos años abriera paso por donde la justificación y la misericordia entraran solícitas.

¿Qué queda hoy de todas estas ideas? Si yo dijese que nada o casi nada se ha olvidado de ellas en la ciencia ¿me motejarían ustedes de arcaico o de retrógrado? Hay ciertos conceptos que son universales y perennes. Las ideas se transforman, sin duda, mas la esencia no cambia sino que permanece. Cervantes, merced a la poderosa virtud de su genio, conoció cabalmente los primeros principios de lo divino y de lo humano. Los primeros principios no varían. Con ellos midió en su libro sublime a los hombres.

III

La idea del delincuente. —Los criminales del *Quijote*.

La escuela clásica del derecho penal nos ha legado, como es notorio, una perfecta y acabada doctrina acerca del delito y de la pena. Pero, harto cuidadosa de estudiar el acto mismo, hasta el punto de que si hemos de creer y de seguir a algunos de sus autores, el delito es verdaderamente realidad ontológica, ha olvidado al agente. Ha estudiado la enfermedad, como dice Garofalo, mas no el enfermo. Se ha curado de analizar con sobrada prolijidad el acto delictivo, sus formas y maneras y la participación que, como autor, cómplice o encubridor, toma en él el hombre. Pero no ha comprendido que no basta con el examen de la participación del hombre como agente principal o secundario del delito en el delito mismo; sino que es menester completar y pulir la doctrina, dejando por un momento a un lado el delito y tratando del hombre en sí, en cuanto es apto para delinquir aunque no haya delinquido todavía.

He aquí la labor de la escuela antropológica. ¡Lástima grande que sus corifeos o paladines de más extendida fama hayan seguido en dicha labor veredas tan torcidas, tan extraviadas y tan llenas de abrojos, asperezas y altibajos, que de dicha escuela no haya quedado como aceptable más que la afirmación de esa necesidad de completar el estudio clásico del derecho penal!

Hay, dentro de la teoría antropológica del derecho represivo, una doctrina sobremanera interesante y curiosa, relativa a la clasificación de los criminales. Los autores se han dedicado, con incesante empeño, a clasificar al criminal. Yo tengo notas de numerosas y diversas clasificaciones que no repito aquí a fin de no ser prolijo. Baste que ustedes recuerden, de lo que en otras lecciones expuse referente a esto, que los autores no han tenido otro remedio que reconocer que los criminales difieren notablemente entre sí y que aunque se admita la hipótesis de Lombroso según la cual el delincuente constituye una variedad antropológica de la especie humana, lejos de deducir que existe un tipo criminal, habrá que concluir que son varios los tipos. Dejemos ahora esto del tipo o de los tipos, cuya existencia yo rechazo, tanto por mi convicción ya antigua como por el resultado de mis recientes investigaciones. Quedémonos con el hecho de que los autores positivistas, al encontrarse con que hay tipos criminales, los han clasificado con el mismo primor con que clasifica un naturalista sus insectos, minerales y otros bichos y pedruscos ya vulgares, ya raros y curiosos.

De todas estas clasificaciones, yo saco en claro la necesidad comprobada por la práctica de una triple distinción: 1.º entre los criminales responsables y los criminales irresponsables; 2.º entre los llamados criminales y los llamados criminaloides[1]; 3.º entre los criminales habituales y los criminales de ocasión o pasionales.

Claro es que Cervantes no pudo ni siquiera aludir remota y encubiertamente a una teoría o linaje de estudio del todo desconocido en aquella época. Aún en libros especiales de carácter científico, como por ejemplo en el famoso y justamente celebrado de Huarte que se titula: *Examen de Ingenios*, es difícil hallar muchos claros y anticipos de las modernas teorías antropológicas. Cuanto más difícil será encontrarlos en libros de mero pasatiempo y puramente literarios. Pero en el *Quijote* se describen tan perfectamente, con tanta realidad las personas, que cuando aparece un criminal es tal cual debe ser con todos sus rasgos.

Tomemos pues el *Quijote*, y entre toda la caterva de caballeros y de escuderos, de hidalgos y de villanos, de locos y de cuerdos, de recatadas doncellas y mozas del partido, de simples y de rufianes, fácil nos será descubrir responsables e irresponsables, criminales y criminaloides, habituales y ocasionales, apartando a un lado la muchedumbre de honrados y bonísimos caballeros, campesinos y otras gentes y personajes, a quienes ningún desafuero grave ni leve imputa Cervantes.

Me fijaré tan solo en lo más saliente a fin de que el tiempo no me apremie tanto como ya me apremia. No cabe duda de que *Don Quijote de la Mancha*, con

---

1. N. del E.: A partir de la clasificación hecha por Cesare Lombroso, se entendía que el criminaloide era el individuo que cometía un delito movido por sus circunstancias personales.

ser hidalgo de los de lanza en astillero, con ser de tan honestas costumbres, con ser no menos limpios y generosos sus propósitos, con ser tan discretas y austeras no pocas de sus razones y consejos, cometió sobrados delitos: aporreó a los arrieros de la venta cuando estaba velando sus armas, que yo no sé si en estos tiempos de ahora no le hubieran procesado por lesiones; no menos aporreó y malhirió al vizcaíno, a uno de los yangüeses[2] y a otras personas; favoreció la fuga de los galeotes y dio cima a otras aventuras de igual manera delictivas.

Pero el *Caballero de la Triste Figura* era un pobre demente, un desdichado monomaníaco, a quien «*del poco dormir y del mucho leer se le secó el celebro de manera que vino a perder el juicio*». Caso claramente comprendido en el número 1 del artículo 8 del código penal vigente en España[3]. *Don Quijote* padecía de paranoia, según declara mi excelente, conspicuo y sabio amigo el Doctor Don Ricardo Royo Villanova, en su curioso y hermoso discurso sobre *La Locura de Don Quijote*. Aunque delincuente, era irresponsable[4].

2. N. del E.: Naturales de Yanguas, a los que Cervantes retrató en su obra.
3. N. del E.: El artículo 8 del código penal español de 1870 regula las causas que eximen de responsabilidad criminal. Según el artículo 8, punto primero, está exento de responsabilidad criminal *"el imbécil y el loco, a no ser que éste haya obrado en un intervalo de razón"*. En función de la gravedad del delito cometido bajo dicha exención, el autor era destinado a un hospital para enfermos sin fecha de salida, o podía ser entregado a su familia para que lo custodiaran cuando se trataba de un hecho de menor gravedad.
4. N. del E.:Por irresponsable debemos entender aquí que se refiere a inimputable.

Casi tan irresponsable me inclino yo a creer que era Sancho Panza, en aquellas ocasiones en que delinquió su amo y pudo parecer que el simple escudero fue cómplice o encubridor. Harto apocado de genio, no se decidió nunca a impedir violentamente los desmanes de su chiflado dueño, mas siempre protestaba contra ellos y le quería disuadir de darles cima. *«Mire señor que aquellos son frailes de San Benito...mire que digo que mire bien lo que hace».* Y así, por el estilo, a cada paso le ensartaba otras semejantes razones tan sentidas como inútiles. En Sancho Panza se dio indudablemente lo que los médicos llaman sugestión. Hubo, en efecto, imposición real por parte de su señor de las ideas de la caballería andante. La necedad del criado fue tal que se ofuscó con ellas, con el relato de prodigiosas hazañas, y con la promesa del imperio o gobierno de feraces y dilatadas ínsulas. El incubo[5] y el sucubo[6] de que nos habla el Sr. Escipión Sighele en su original estudio titulado *La coppia criminale*, pueden ser observados aquí y yo los observara a disponer de más tiempo.

En cambio, los galeotes, mayormente Ginés de Pasamonte, los yangüeses, el viejo deudor de los diez escudos de que se trata en los juicios de Sancho Panza y otros muchos, delinquieron de libre voluntad, sin que las lecturas les volvieran el juicio como le aconteció a

5. N. del E.: en mitología popular europea, un incubo es un demonio que se posa encima de la víctima femenina durmiente para tener relaciones sexuales con ella.
6. N. del E.: Según la mitología popular, los sucubos son demonios que toman la forma de mujeres atractivas para seducir a los varones, en especial adolescentes y monjes, adentrándose en sus sueños.

Don Quijote. Dieron pábulo libremente a los impulsos aborrecibles de su perversidad y por lo tanto sus actos les eran imputables; estaban, en buenos términos de derecho, obligados a responder de ellos.

Todos estos son verdaderos criminales; pero hay personajes en el *Quijote* que no pueden ser calificados sino de criminaloides. El criminal es el hombre apto para delinquir y que, en efecto, delinque, sea por ejemplo: el asesino, el traidor, el adúltero o el ladrón. El criminaloide es el hombre cuya aptitud es perversa aunque no ha delinquido, y cuyas tendencias morales pudieran pasar a trocarse, en lo porvenir, en propósitos y actos criminosos; sea por ejemplo: el vago, el mendigo, el rufián, el borracho empedernido y la ramera. Ginés de Pasamonte y los demás galeotes son de los primeros; Maritornes, la Tolosa, la Molinera y otros, son de los segundos.

Otra distinción interesante y digna de ser notada es la distinción entre los criminales habituales y los de ocasión. Los primeros, sumidos en la idea del delito, hacen del crimen su profesión e infringen la ley una y dos y tres y más veces; la llama del arrepentimiento puede brotar en sus pechos, pero quizás la corrupción se ha apoderado de tal suerte de sus almas que se ha disipado toda esperanza de regeneración moral. Los segundos, ante una tentación grande o ante un arrebato pasional, sienten surgir la idea del crimen sin que tengan fuerza para sobreponer a ella la idea del bien y delinquen; mas el arrepentimiento siembra de flores su corazón no tarde, y las ideas virtuosas acaban por disipar los impulsos perversos si la educación sana y los buenos ejemplos los guían de continuo. Criminales de ocasión son los personajes de la entretenida novela del Curioso Impertinente, inserta en el *Quijote*.

Clasificados así los tipos criminales que hay en el *Quijote*, sería interesante describirlos desde el punto de vista antropológico y ver, de paso, si concuerdan con las reseñas antropológicas que de los criminales vienen haciendo los autores, desde Lauvergne, Despine y Lombroso hasta Corre, Dallemagne y la Sra. Paulina Tarnowsky. Imposible es, no obstante, que atine yo a desenvolver dicho estudio en el breve espacio que me resta. De ahí, pues, que decida tratar solamente de algunos personajes de no poco relieve: de Ginés de Pasamonte y los demás galeotes, y de Maritornes; criminales los unos y criminaloide la otra.

El primer pasaje en que sale a escena Ginés de Pasamonte es el Capítulo XXII, que trata *De la libertad que dio Don Quijote a muchos desdichados que mal de su grado los llevaban donde no quisieran ir* y es uno de los más salados y sustanciosos capítulos que escribió Cervantes y que se han escrito ni se escribirán. Ginés de Pasamonte era uno de los doce galeotes que, como dice dicho capítulo, iban «*ensartados como cuentas en una gran cadena de hierro por los cuellos y todos con esposas a las manos*». Ya uno de los guardas de a caballo, antes de que *Don Quijote* se encarara con Ginesillo, le había advertido al valeroso caballero que los galeotes «*es gente que recibe gusto de hacer y decir bellaquerías*». *Don Quijote* fue preguntando sus cuitas a todos aquellos desalmados, quienes le respondieron con ambages y con dichos que más daban muestra de inocencia que de culpabilidad:

«Yo voy—le dijo el tercero de los galeotes—por cinco años a las señoras gurapas, por faltarme diez ducados.»

El primero había dicho que iba por enamorado. Y es que no siempre acontece que los criminales sienten la vanidad del delito. Ustedes y yo, en las observaciones antropológicas que hemos hecho en la cárcel de Zaragoza, hemos podido comprobar que esa vanidad no es tan frecuente como los Sres. Lombroso, Vidocq y otros suponen. Recordemos el caso de aquel pícaro que dijo llamarse Juan Fernández García y que nos dijo con alguna vaya o burla que estaba procesado *«por no llevar los documentos»*. Hay, no obstante, en los galeotes del *Ingenioso Hidalgo* notable socarronería o broma en lo que dicen, en lo cual intencionalmente dejan ver su condición astuta y de grande picardía; hay en ellos cierto aire de taco como vulgarmente se suele decir. Tan solo dos galeotes se muestran mohínos y llorosos, cosa algo frecuente según he podido ver yo en los forzados. Un ejemplo hay, sin embargo, en la donosa aventura quijotesca, de vanidad del delito, de falta de sentido moral, de socarronería, que iguala si no supera los que se hallan en las obras de los señores Macé, Francotte y Bataille; es el del galeote que, respondiendo a *Don Quijote de la Mancha*, soltó la voz a estas palabras:

«Yo voy aquí porque me burlé demasiadamente con dos primas hermanas mías y con otras dos hermanas que

no lo eran mías: finalmente, tanto me burlé con todas que resultó de la burla crecer la parentela tan intrincadamente que no hay sumista que la declare. Probóseme todo, faltó favor, no tuve dineros, vine a pique de perder a los tragaderos, sentenciaronme a galeras por seis años, consentí, castigo es de mi culpa, mozo soy, dure la vida, que con ella todo se alcanza.».

La jerga, germanía o lenguaje truhanesco tan admirablemente estudiado por los Sres. Lombroso, Francotte, Ascoli, Biondelli o Loredan-Larcher y señalado por nuestro Don Rafael Salillas, que ha escrito sobre tal asunto el más acabado libro, no es hallazgo de los modernos tiempos. En nuestras novelas picarescas tenemos abundante noticia del caló que entonces estilaban los truhanes. En la aventura de los galeotes se lee la palabra gurapas repetidamente:

«¿Qué son gurapas? Preguntó Don Quijote. Gurapas son galeras, respondió el galeote»

Y también:

«Sí señor, respondió el galeote, que no hay peor cosa que cantar en el ansia. Antes he oído decir, dijo Don Quijote, que quien canta sus males espanta. Acá es al revés, dijo el galeote, que quien canta una vez, llora toda la vida. No lo entiendo, dijo Don Quijote; mas una de las guardas le dijo: Señor caballero, cantar en el ansia se dice entre esta gente non sancta confesar en el tormento».

Y por cierto, señores, que todavía se conservan con algunas variantes no pocos de estos términos. Cantar vale hoy tanto entre los presidiarios como confesar el delito.

La figura de Ginés de Pasamonte es admirable literaria y científicamente. Era de buen parecer porque no siempre el mal aspecto y fisonomía feroz se da en los criminales, según las observaciones de no pocos autores y las que en esta cátedra hemos hecho: «Al mirar metía él un ojo en el otro», con lo cual Cervantes se adelantó no poco al Sr. Laurent, que ha observado el estrabismo de los criminales recogiendo notas de veinte casos. De sus sentimientos y moralidad declara uno de los guardas que tenía más delitos que todos los demás juntos, y que era muy atrevido y bellaco. Usaba renombre o apodo, estigma muy característico de los criminales españoles según las recientes observaciones de los Sres. Salillas, Bernaldo de Quirós y Llamas Aguillanedo, pues le decían Ginesillo de Parapilla. Era respondón y de malos modos según la insolencia con que contestó al comisario.

Declara Ginés ser escritor de su propia vida y lances, y aquí se me vienen a mi a la memoria las múltiples y muy abundantes investigaciones de los autores sobre la literatura de los criminales; aquí se me viene a la memoria el libro del Sr. Pittré titulado *Siu canti popolari italiani in carcere* y las poesías y otras composiciones literarias escritas por delincuentes, de que nos dan cuenta, disertando sobre ellas, los Sres. Lombroso, Francotte y otros. Ginés de Pasamonte había estado antes en las galeras, con lo cual bien se echa de ver que era criminal habitual; y si anduvo o no acertado Cervantes al mostrarlo como reincidente lo declararé de plano, poniendo aquí la siguiente afirmación del profesor Lombroso referente a la reincidencia: «*Es el sello jurídico que sirve para comprobar y completar la concepción del criminal nato*». Otros pormenores hay en el retrato de Ginés de Pasamonte y en la aventura toda que termina con el tremendo desagradecimiento y bellaquería de los galeotes hacia su libertador, que demuestran que la descripción de Cervantes se ajusta del todo, por manera perfecta y pasmosa, a las más recientes y maravillosas hipótesis y observaciones que acerca de los criminales han hecho los más famosos autores de la escuela penal antropológica.

De Maritornes, la moza de la venta que *Don Quijote* imaginó ser castillo, hay menos pormenores. No obstante, su retrato concuerda con las observaciones modernas que se hallan en el libro de los Sres. Lombroso y Ferrero, titulado *La donna dilinquente, prostituta é normale*, en el de Ciarolo sobre *Il delitto feminino in Napoli*, en el de Gil Maestre sobre Los malhechores de Madrid, en el de Cutrera sobre *La mala vita á Palermo*, en el de los Sres. Niceforo y Sighele sobre *La mala vita á Roma*, en el de Puglia titulado *Dei delitti di libidini é di alcuíni reati affini*; en el de los Sres. Bernal de Quirós y Llamas Aguillanedo sobre *La mala vida en Madrid*; en el de Viveiros de Castro sobre *Altentados ao pudor*, en el de la señora Paulina Tarnowski sobre *Etudes anthropometriques sur femmes voleuses et les prostitúes*, etc. etc.

Maritornes era asturiana, «*ancha de cara, llana de cogote, de nariz roma, del un ojo tuerta y del otro no muy sana: ver-*

dad es que la gallardía del cuerpo suplía las demás faltas: no tenía siete palmos de los pies a la cabeza y las espaldas que algún tanto le cargaban la obligaban a mirar al suelo más de lo que ella quisiera». Esto de que era llana de cogote es lo mismo que decir que no predominaba en ella el occipital, y ya saben ustedes cuán empeñada es la discusión que hay sobre esto del occipital. Todo me inclina a conjeturar que Maritornes quizá fuera de cráneo braquicéfalo, es decir, corto. Si así es, no se aparta mucho Cervantes de lo sostenido y hallado por varios autores. La nariz roma es otro estigma de gran interés porque lo encontraremos descrito como frecuente en los modernos estudios, los cuales coinciden en afirmar que en las prostitutas suelen hallarse sentimientos religiosos y cierta bondad en medio de su torpe conducta y lascivas aficiones. A muchas repugna la idea del delito y por nada del mundo matarían ni robarían.

La Maritornes, con ser muy desenvuelta moza y harto liviana, no es tal que inspire odio o repugnancia al lector. En medio de todo la vemos ayudar a la hija del ventero a hacer la cama de *Don Quijote*, alumbrarle a este mientras le emplastaban y, con laudable voluntad, curar a Sancho «que no menos lo había menester que su amo». Véase pues si atinó o no atinó Cervantes. Los gustos, lecturas y demás aficiones de las prostitutas, claro es que nada tienen de encumbrados y castos. Gustan de leer los escritos de más baja ralea y su lenguaje es también soez. Por eso, sin duda, se lee en el capitulo XXXII del *Quijote*, cuando Maritornes habla de que gustaba de leer los libros de caballerías: «*Así es la verdad, dijo Maritornes, y a buena fe que yo tam-*

bién gusto mucho de oír aquellas cosas que son muy lin-
das y más cuando cuentan que se está la otra señora debajo
de unos naranjos abrazada con su caballero y que les está
una dueña haciéndoles la guarda, muerta de envidia y con
mucho sobresalto: digo que todo esto es cosa de mieles». Tan
a sabiendas debió de escribir Cervantes esto de Maritornes que a renglón seguido hace decir a la doncella,
hija del ventero, que lo que más le gustaba de los libros
de caballería eran las lamentaciones que los caballeros andantes hacían cuando estaban ausentes de sus
damas; gusto harto más espiritual y puro que el otro.
La cháchara y la burla son recreos muy frecuentes de
tales damas, como se ve en las razones y chanzas que
según nos cuenta Cervantes pasó Maritornes con el
esforzado y sin rival *Caballero de la Triste Figura.*

En resumen, que hay en el *Quijote* sobrados datos que
dan a conocer la fina observación y el pasmoso ingenio
de Cervantes, que concebía el tipo del criminal y de
la prostituta con exactitud notoria, anticipándose a lo
que la moderna antropología criminal pretende descubrir creyendo, con grave yerro y presuntuosamente,
que hasta ahora estaba ignorado.

Mas no se crea por eso que Cervantes dudaba del libre
albedrío de la voluntad. No pocas afirmaciones hay
en su novela, en donde la libertad es reconocida, es
deseada, es alabada cual se debe, reputándola como
exquisito don del cielo que nos engrandece y nos
sublima sobre los todos los seres.

IV

La idea de la pena.—Principios fundamentales del sistema de penalidad según el QUIJOTE.

Voy a terminar, señores, exponiendo a ustedes algunas de las más señaladas ideas que hay en el *Quijote* acerca de la pena. Lo haré con brevedad porque temo ser ya harto enojoso.

Durante mucho tiempo, y ya desde remotas épocas, ha prevalecido la doctrina del mérito y del demérito, del premio y del castigo. Siempre se ha creído que el delito lleva consigo un castigo, que el penar vale tanto como el castigar. La idea en sí, yo entiendo que si se mantiene dentro de los justos límites en que se debe mantener nada tiene de monstruosa o nociva, porque el castigo no significa o no debe significar siempre sufrimiento, dolor físico, padecimiento material que angustia con crueles congojas. Castigar debe valer tanto como corregir, modificando las tendencias perversas del alma no solo por el padecimiento físico, sino por otros medios más suaves, menos congojosos, como el aviso, el consejo, la enseñanza y otros linajes de corrección o enmienda.

Esta es castiza y tradicional significación de la palabra

castigo, y no otra cosa quiso decir el Marqués de Santillana cuando dijo: «*Como quier que a los dichos proverbios y castigos se hubiesen hecho por mandado del dicho Señor Príncipe su hijo*»; ni las partidas cuando se lee en ellas «*Non defiende la Sancta Eglesia que algunos non puedan decir buenas palabras ó buenos castigos en poridad*»; ni mosén Diego de Valera cuando escribió: «*De la muerte del cual todos los príncipes é grandes señores deben tomar castigo*».

Cierto es, no obstante, que la palabra castigo en su acepción de padecimiento se fue generalizando; cierto es, también, que la idea de que toda falta delictiva del hombre debe acarrearle un sufrimiento material impuesto por quien tuviere la potestad necesaria para ello fue extendiéndose; cierto es finalmente que la crueldad fue siendo poco a poco el distintivo de todo castigo, menudeando en la Edad Media y en parte de la Edad Moderna, la hoguera y otros tormentos de mil clases.

De ahí que el Marqués Cesare de Beccaria protestara contra la crueldad imperante en su famoso libro *Dei delitti é delle pene*, con el cual se desarrolló con extraordinaria pujanza el espíritu de conmiseración y filantropía, los jueces fueron apiadándose cada vez más, y por fin las leyes se convirtieron en leyes más templadas y más suaves. No satisfechos con esto, algunos caritativos escritores han proclamado que la pena no debe ser un mal sino un bien enderezado directa y exclusivamente a corregir o reformar al culpable; otros entienden que debe ser un tratamiento médico a fin de que el criminal se cure de la neurastenia y otras enfermedades en que radica el delito; no pocos creen que la pena debe ser medio de selección a fin de que dicha ley de selección se cumpla entre los hombres, como se cumple entre las hormigas, los gusanos, los caballitos del diablo y los demás bichos o animales que pueblan la naturaleza.

En cierto periódico anarquista que se publica en París escrito en varias lenguas, recuerdo yo haber leído, que no teniendo ningún hombre imperio sobre el prójimo, es tiranía tremenda e inaguantable encerrar al delincuente en una cárcel bajo siete llaves, y que lo que hay que hacer es abrir de par en par los presidios y otras casas de corrección, soltando a los asesinos y a los ladrones y a toda la caterva de pobrecitos criminales que están secuestrados en ellas, a fin de que anden por ahí como Pedro por su casa y puedan dedicarse libremente a sus honradas artes.

Cervantes tenía sin duda la idea de que la pena es castigo por el cual se inflige al culpable un padecimiento:

> *«Señor caballero*—dice el labrador del capítulo IV de la Parte Primera—*este muchacho que estoy castigando es mi criado que me sirve de guardar una manada de ovejas que tengo en estos contornos, el cual es tan descuidado que cada día me falta una y porque castigo su descuido ú bellaquería dice que lo hago de miserable.»*

Y es de saber que dicho labrador castigaba al muchacho dándole con una pretina[1] recios azotes.

Sea como quiera, la pena es una imposición de la autoridad encaminada a reparar el orden jurídico perturbado por el delito; es una imposición al culpable de ciertos medios coactivos que se ve forzado a aceptar. De ahí que de alguna manera se puede decir que mientras el delito es expresión de la voluntad del culpable, la pena es expresión de la voluntad del juez. Por eso la pena es oposición a la voluntad criminal. Sancho Panza estaba en lo cierto al responder a su amo en el capítulo XXII:

> *«No digo eso... sino que es gente que por sus delitos va condenada a servir al rey en las galeras de por fuerza».*

Y si bien un poco más abajo el escudero se contradice, afirma la idea del castigo que es idea de fuerza; pero fuerza no cruel y despiadada porque, como Ginés de Pasamonte le dice al comisario en el mismo capítulo:

> *«Ya le he dicho, señor comisario, que se vaya poco a poco, que aquellos señores no le dieron esa vara para que maltratase a los pobretes que aquí vamos, sino para que nos guiase y llevase adonde Su Majestad manda»*

Por lo demás, diremos como *Don Quijote*: *«De todo cuanto me habéis dicho, hermanos carísimos, he sacado en limpio que aunque os han castigado por vuestras culpas, las*

---

1. N. del E.: Una pretina es una correa o cinta con hebilla preparada para sujetar en la cintura ciertas prendas de ropa.

penas que vais a padecer no os dan mucho gusto y que vais a ellas de muy mala gana y muy contra vuestra voluntad».

Don Quijote practicó aquí al pie de la letra lo que predicaba, trescientos años después, el periódico anarquista a que yo he aludido[2]. «*Váyase vuestra merced, señor, norabuena su camino adelante—dijo el comisario—y enderécese ese bacín que trae en la cabeza y no ande buscando tres pies al gato».*

Finalmente, para Cervantes la idea de pena es también la de venganza que en varios capítulos hallamos expresada, así como también participa de la idea de compensación, de paga, y por eso *Don Quijote de la Mancha* increpa a los mercaderes toledanos en el Capítulo IV de la Parte Primera diciéndoles:

> *«¿No le mana, canalla infame... no le mana, digo, eso que decís, sino ámbar y algalia entre algodones y no es tuerta ni corcovada sino más derecha que un huso de Guadarrama, pero vosotros pagaréis la grande blasfemia que habéis dicho contra tamaña beldad como es la de mi señora».*

En el Quijote se alude a penas de diversas clases. Habla Cervantes ya en el Prólogo de la cárcel *«donde toda incomodidad tiene su asiento y donde todo triste ruido hace su habitación».* En el capítulo XXII se habla repetidamente de la pena de galeras, impuesta por tres, por

---

2. N. del E.: En la segunda mitad del siglo XIX y principios del XX Francia, con especial interés en su capital, vivió un auge de publicaciones anarquistas, si bien no es posible confirmar a partir de la información del autor a qué periódico se refiere.

cuatro, por cinco, por seis y hasta por diez años que eran tanto como muerte civil, según dijo uno de los guardas de aquellos galeotes.

Y se habla de otras penas como la de azotes y del tormento. Nada diré de las penas con que el gran gobernador Sancho Panza conminaba en sus salomónicas sentencias: el destierro, los azotes, la multa y la reclusión en la cárcel. Pero lo más admirable es el fundamento de misericordia en que descansa el sistema de penalidad del *Quijote*. A cada paso recomienda Cervantes, por boca de alguno de sus personajes, la conmiseración al juez. De suerte que bien se puede declarar, sin temor alguno, que el verdadero Marqués Cesare Beccaria no fue el autor del libro *Dei delitti e delle pene*, sino el propio Miguel de Cervantes Saavedra, autor del *Ingenioso Hidalgo Don Quijote de la Mancha*. Sin duda ésto se debe a los sentimientos cristianos, hidalgos y de bondad y grandeza de corazón del manco de Lepanto. Pero se debe también a que el inmortal autor del *Quijote* había sufrido no pocas desventuras, probando los rigores del cautiverio y de la cárcel[3], con todas las cuales desdichas, se formó en lo recóndito de su pecho la piedad generosa, la caridad sin límites y cierta aversión hacia la pena.

He aquí algunos de los textos del *Quijote* donde resplandece el principio pro reo, aquel *in omnibus charitas*, fórmula de la misericordia:

3. N. del E.: Diferentes historiadores han puesto de relieve que su estancia en la Prisión Real de Sevilla, fruto de las deudas, pudo servir para trazar las primeras líneas del *Quijote*.

> *«Cuando pudiere y debiere tener lugar la equidad, no cargues todo el rigor de la ley al delincuente, que no es mejor la fama del juez riguroso que la del compasivo»* (Cap. XLII, Parte Segunda).

> *«Si acaso doblares la vara de la justicia no sea con el peso de la dádiva sino con el de la misericordia»* (Ídem).

> *«Al que has de castigar con obras no trates mal con palabras, pues le basta al desdichado la pena del suplicio sin la añadidura de las malas razones»* (Ídem).

> *«Al culpado que cayere debajo de tu jurisdicción considérale hombre miserable sujeto a las condiciones de la depravada naturaleza nuestra y en todo cuanto fuere de tu parte, sin hacer agravio a la contraria, muéstratele piadoso y clemente, porque aunque los atributos de Dios todos son iguales, más resplandece y campea a nuestro ver el de la misericordia que el de la justicia»* (Ídem)

> *«No seas siempre riguroso, ni siempre blando y escoge el medio entre estos dos extremos, que en esto está el punto de la discreción»* (Capítulo LI, Parte Segunda).

Esto es, señores, todo un poema cuya hermosura embelesa. Yo haría escribir esos pensamientos que Cervantes puso en boca de *Don Quijote* al principio de todos los códigos y leyes; yo los haría grabar con letras de oro en los muros de todas las salas públicas de las Audiencias y de los Juzgados.

V

Porque en esos consejos sublimes está ciertamente, señores, la verdadera conclusión o consecuencia que quiero y debo sacar de esta lección. He aquí dicha conclusión tal como yo la deduzco con torpe frase:

> *Mucha es la perversidad humana, pero mucha es también la humana flaqueza; grande es la justicia, pero la conmiseración brilla con fulgores no menos celestiales.*

Desde que el hombre perdió el Paraíso terrenal, camina por la áspera vereda de la vida tropezando y cayendo. Penoso es el camino y mezquinas son las fuerzas del caminante. Menester es que, lejos de hundirle en el fango en que sin cesar se atasca, le apoyemos y levantemos dulcemente y no con rigor desmedido sino con piedad generosa, a fin de alentarle y consolarle para que prosiga su camino sin los desmayos de la pesadumbre.

Inflexibles han de ser las leyes y no blandas, que allí donde no hay rectitud no hay derecho. En el cumplir la ley, no abdique o abandone el juez su potestad severa, porque la condescendencia es la llave que abre las puertas a la malicia.

Pero no podemos ni debemos exigir a los hombres más de lo que su flaca y deleznable condición puede dar. La música delicada y suave amansa a las fieras, mas la crueldad del látigo las enfurece,

Atributo divino es la justicia, pero no menos divino atributo es la misericordia.

En el cumplir la ley no eche el juez en olvido la clemencia, porque la clemencia es la llave que abre las puertas al amor y al arrepentimiento.

La clemencia es rocío del cielo que refresca las flores de los jardines y las embellece.

Grato es el ruido de la selva, el pío de las aves, la verdura de los prados, el blanco seno de las nubes, o las ardorosas miradas, los sutiles suspiros y los juramentos de cariño de la enamorada doncella, pero es más grata la misericordia.

Por eso, me han oído ustedes repetir con entusiasmo algunas veces en mis explicaciones el consejo de *Don Quijote* que dice: «*Cuando pudiere y debiere tener lugar la equidad no cargues todo el rigor de la ley al delincuente, que no es mejor la fama del juez riguroso que la del compasivo.*»

He Dicho.

ENRIQUE DE
BENITO
(1882-1930)

Nacido en Toledo el 13 de julio de 1882, Enrique de Benito y de La Llave se inició en la carrera de Derecho en la Universidad de Zaragoza en 1896, donde obtiene su licenciatura con sobresaliente y premio extraordinario en 1903. Poco más tarde, en 1904, obtiene el título de Doctor en la Universidad Central, también con sobresaliente. Es desde ese mismo año, con apenas 22 años, que podrá empezar a impartir la cátedra vacante de Derecho penal que había quedado disponible en la Universidad de Zaragoza.

Su trayectoria académica también le llevará a ser catedrático de Derecho penal en la Universidad de Santiago (1905) y la Universidad de Valencia (1921) respectivamente.

Dentro de su formación jurídica es palpable el gran interés de Enrique de Benito por la Criminología. Tal es así que entre 1906 y 1907 crearía por propia iniciativa un Laboratorio y Museo de Criminología anexo a su cátedra, donando material relacionado con esta disciplina científica.

También algunas de sus obras muestran ese manifiesto interés, como con las publicación de los Anales de Criminología (1913, Universidad de Oviedo), Delincuencia Precoz (1908) o este mismo título, que da por nombre La Criminología del Quijote, publicado en 1905 y fruto de una serie de lecciones impartidas en la Universidad de Zaragoza.

Su fallecimiento se produciría en Valencia el 27 de octubre de 1930, donde seguía impartiendo su cátedra de Derecho penal, a los 48 años de edad.

SOBRE EL EDITOR

Jose Servera (1985) es Licenciado en Criminología y Filosofía por la UAB. En 2011 fundó Criminología y Justicia, empresa dedicada a la divulgación de contenido de caracter criminólogico-jurídico que contó con la participación de más de 100 autores hasta su cierre en 2017. Durante ese tiempo se publicaron más de 1000 artículos que han recibido ya más de dos millones de visitas; se publicaron cerca de una treintena de libros, y también se organizaron diferentes eventos y congresos enfocados a divulgar la Criminología. Ahora su interés estriba en aplicar toda esa experiencia en el mundo de la divulgación científica a un campo tan distinto como la comunicación digital. Actualmente anda enfrascado en diferentes proyectos: Boulder Lovers (metabuscador de escalada), Expertos Marketing (DB sobre marketing digital) y Posada 101 (Formación online), sumando Higienic Books al conjunto de iniciativas.

Higienic Books es un proyecto editorial nacido con el ánimo de rescatar del olvido algunas obras de dominio público. En un mundo envuelto en la constante necesidad de novedades, nuestra idea es hacer un viaje al pasado en busca de pequeños tesoros que, sin ser necesariamente obras de autores de primera línea o históricamente reconocidos, siguen teniendo algo que decir. No vamos en busca de grandes clásicos sino que nos abocamos a investigar rarezas, maquetas preliminares y experimentos literarios que quizá hicieron menos ruido pero no por ello dejaban de tener valor. Buscamos todo aquello que por alguna extraña razón pasó desapercibido y quizá ahora haya que reivindicar. O que quizá no haya que reivindicar, sino todo lo contrario, pero nos ha llamado la atención igualmente.

Nuestro nombre y nuestro logotipo no son más que una llamada a la pausa que nos vemos obligados a hacer cuando la llama de la vida intestinal nos exige una visita al lavabo. La pausa que tanto nos cuesta realizar en cualquier otro momento y que tan necesaria es cuando queremos adentrarnos en la lectura de un texto, más cuando se trata precisamente de una obra escrita cuando el mundo iba a una velocidad menos.

Magis bonus est cagare
quam vivre et manducare

Macario Cagón, Universidad de Ensulmanca,
1880